... BAILLY
... l'École publique
... Troyes

Constant DODEY
Inspecteur Primaire,
Officier d'Académie

INSTRUCTION CIVIQUE

DU

PETIT FRANÇAIS

COURS ÉLÉMENTAIRE ET MOYEN

Sans l'éducation civique et politique, le peuple souverain est un enfant qui joue avec le feu et qui risque à chaque instant d'incendier la maison.

PESTALOZZI.

BAR-SUR-SEINE

IMPRIMERIE VEUVE C. SAILLARD, ÉDITEUR

1896

Jules BAILLY
Directeur de l'École publique
à Troyes

Constant DODEY
Inspecteur Primaire,
Officier d'Académie

INSTRUCTION CIVIQUE

DU

PETIT FRANÇAIS

COURS ÉLÉMENTAIRE ET MOYEN

> Sans l'éducation civique et politique, le peuple souverain est un enfant qui joue avec le feu et qui risque à chaque instant d'incendier la maison.
>
> PESTALOZZI.

BAR-SUR-SEINE

IMPRIMERIE VEUVE C. SAILLARD, ÉDITEUR

1896

AUX ÉLÈVES,

A vingt et un ans, vous serez citoyens d'un pays qui se gouverne par lui-même, où chaque individu participe par ses votes à la direction des affaires publiques.

Il faut donc que vous sachiez comment est organisé le gouvernement de la France, et quels sont les droits qui vous incomberont lorsque vous aurez atteint votre majorité.

Ce petit livre contient les connaissances qui vous sont indispensables. Apprenez bien les résumés qui répètent les idées déjà exprimées dans la leçon que vous a faite votre Maître. Appliquez-vous à répondre aux questionnaires et à développer, de vive voix ou par écrit, les devoirs d'application ; vos réflexions personnelles fortifieront votre jugement et vous prépareront à remplir dignement votre rôle dans la République.

J. B.   C. D.

TABLEAU MENSUEL DES LEÇONS

L'INSTRUCTION CIVIQUE

DU PETIT FRANÇAIS

MOIS D'OCTOBRE

PREMIÈRE LEÇON

BUT DE L'INSTRUCTION CIVIQUE.
PRINCIPES SUR LESQUELS REPOSE LE GOUVERNEMENT RÉPUBLICAIN.

L'instruction civique nous fait connaître les rapports du citoyen et de l'Etat, ainsi que l'organisation gouvernementale de la France. — Il y a deux formes de gouvernement : la république* et la monarchie*. — Les principes sur lesquels repose le gouvernement républicain sont : la souveraineté* nationale, l'égalité des citoyens, la liberté de conscience, la liberté politique et la responsabilité des fonctionnaires.

Questionnaire. — 1. Quel est le but de l'Instruction civique? — 2. Combien y a-t-il de sortes de gouvernement? — Montrez la différence qu'il y a entre une république et une

monarchie. — 4. Qu'entend-on par souveraineté nationale? —
5. Par égalité des citoyens? — 6. Par liberté de conscience? —
7. Par liberté politique? — 8. Par responsabilité des fonctionnaires? — 9. Nommez les principes sur lesquels repose le
gouvernement républicain.

DEUXIÈME LEÇON

LA CONSTITUTION

Les **lois constitutionnelles** sont celles qui règlent l'organisation et les rapports des pouvoirs publics. Notre
constitution date du 26 février 1875. Elle reconnaît le
pouvoir législatif et le **pouvoir exécutif.**— Les lois sont
faites par les députés et les sénateurs. — Le pouvoir
exécutif fait exécuter les lois, maintient l'ordre public et
assure la défense nationale.— Le Congrès est la réunion,
en une seule assemblée, des sénateurs et des députés.

Questionnaire. — 1. Qu'entend-on par lois constitutionnelles?— 2. De quelle époque date la Constitution actuelle? —
3. Combien reconnaît-elle de pouvoirs? — 4. Qu'est-ce que
le pouvoir législatif? — 5. Par qui est-il exercé? — 6. Quel
est le rôle du pouvoir exécutif? — 7. Par qui est-il exercé? —
8. Qu'est-ce que le Congrès? — 9. Quand se réunit-il?

TROISIÈME LEÇON

LE SUFFRAGE UNIVERSEL
ET LE SUFFRAGE RESTREINT

Le **suffrage universel** date de 1848. Il est l'expression
de la **volonté nationale.** Il s'exprime par le **bulletin** de

vote. — Tout Français âgé de 21 ans est électeur s'il n'a subi de condamnations. — Le suffrage restreint* n'est exercé que par certaines catégories d'électeurs. — Tout électeur peut être éligible s'il a 25 ans ; mais, pour être sénateur, il faut être âgé de 40 ans.

CANTON   RÉPUBLIQUE FRANÇAISE   VILLE DE

—

BUREAU   N°

—

CARTE D'ÉLECTEUR

Pour l'élection des Membres du Conseil Municipal

L'assemblée aura lieu à   , le dimanche 23 avril 189 , de 6 heures du matin à 6 heures du soir.

S'il est nécessaire de procéder à un second tour de scrutin, il aura lieu le dimanche 30 avril, de 6 heures du matin à 6 heures du soir.

M
profession ou fonctions   né en
domicilié à   , rue   n°

(Cachet de la Mairie.)

Le Maire,

NOTA.— Les électeurs, en entrant à l'assemblée, devront avoir soin de présenter leur carte.

Ils sont invités à la conserver pour s'en servir au deuxième tour de scrutin, s'il y avait lieu d y procéder.

Questionnaire. — 1. Depuis quand possédons-nous le suffrage universel ? — 2. Définissez le suffrage universel. — 3. Comment s'exprime-t-il ? — 4. Que faut-il pour être électeur ? — 5. Pourquoi le suffrage restreint est-il appelé ainsi ? — 6. Qui vote à ce suffrage ? — 7. Qui est éligible ?

QUATRIÈME LEÇON

LE POUVOIR LÉGISLATIF — LES DÉPUTÉS

Au pouvoir législatif est attribuée la confection des lois. Il est exercé par les **députés** et les **sénateurs.** — Les députés sont nommés pour 4 ans au suffrage universel, à raison d'un député au moins par arrondissement. — Pour être élu, deux conditions sont nécessaires : 1° avoir la moitié plus 1 des suffrages exprimés*; 2° au moins le quart des électeurs inscrits. — Le 2ᵉ tour de scrutin est appelé ballottage : la majorité relative suffit. — Les députés se réunissent au Palais-Bourbon; leurs fonctions sont rétribuées*

Questionnaire.— 1. Quel est le rôle du pouvoir législatif? — 2. Par qui est-il exercé ? — 3. Pour combien de temps les députés sont-ils nommés? — 4. Comment sont-ils nommés ? — 5. Quelles conditions faut-il réunir pour être élu au premier tour de scrutin ? — 6. En est-il de même au second tour? — 7. Où se réunissent les députés? — 8. Leurs fonctions sont-elles rétribuées? Pourquoi ?

Devoirs oraux ou écrits pour le mois d'Octobre

1. *Le gouvernement républicain.* — 1. Principes sur lesquels repose le gouvernement républicain : égalité des citoyens, souveraineté nationale, liberté individuelle, liberté de conscience, responsabilité des fonctionnaires (Développer chacun de ces points).

2. *La Constitution.* — 1. Date du suffrage universel. — 2. Origine de la Constitution actuelle. — 3. Dites comment elle est organisée? — 4. Que faut-il pour modifier la Constitution?

3. *Le suffrage universel et le suffrage restreint.* — **1.** Différence entre le suffrage universel et le suffrage restreint. — **2.** Nommer les mandataires élus par l'un et l'autre suffrage. — **3.** Qu'entend-on par liste électorale? — **4.** Décrire un jour de vote depuis l'ouverture du scrutin jusqu'au dépouillement.

4. *Le pouvoir législatif.* — **1.** Nomination du député; durée de son mandat; lieu où se tient l'assemblée des députés; indemnité; attributions.

MOIS DE NOVEMBRE

—

PREMIÈRE LEÇON

LE CORPS LÉGISLATIF (suite) — LE SÉNAT

Le Sénat compte 300 membres élus pour 9 ans et renouvelés par tiers tous les trois ans. L'élection se fait au chef-lieu de département et par le suffrage à deux degrés.

Le collège électoral * se compose des députés, des conseillers généraux, des conseillers d'arrondissement et des délégués des conseillers municipaux. Il peut y avoir trois tours de scrutin dans la même journée; au 3e tour de scrutin, la majorité relative suffit. — Le Sénat a les mêmes attributions que la Chambre des députés; mais il peut donner au Président de la République l'autorisation de dissoudre la Chambre des députés.

Questionnaire. — **1.** Combien le Sénat compte-t-il de membres? — **2.** Quelle est la durée de leur mandat? — **3.** Comment le Sénat se renouvelle-t-il? — **4.** Où se fait l'élection

des sénateurs? — 5. Quelle est la composition du collège électoral? — 6. Combien peut-il y avoir de tours de scrutin? —
7. Quelles sont les attributions des sénateurs? — 8. Qu'entend-on par droit de dissolution?

DEUXIÈME LEÇON

DEVOIR DES ÉLECTEURS ET DES ÉLUS

A l'approche d'une élection, l'électeur doit s'instruire
sur la valeur **morale** et **intellectuelle** des candidats.
Voter est un **devoir rigoureux** auquel un bon citoyen ne
manque jamais... Il faut voter selon sa conscience, car
le vote doit être libre et secret. — Les élus ont pour mis-
sion de soutenir les intérêts de leurs électeurs, d'assister
assidûment aux séances et de prendre part à toutes les
délibérations*

Questionnaire. — 1. Que doit faire l'électeur à l'approche d'une élection ? — 2. Comment peut-on se renseigner ? —
3. Est-il permis de demander conseil à quelqu'un ? — 4. Que
fait-on dans le cas où aucun candidat ne convient ? — 5. Comment doit-on voter? — 6. Qu'entendez-vous en disant que le
vote doit être secret ? — 7. Quelles sont les devoirs des élus ?

TROISIÈME LEÇON

LE POUVOIR EXÉCUTIF
LE PRÉSIDENT DE LA RÉPUBLIQUE

Le Président de la République est le chef du pouvoir
exécutif . Il est élu par le Congrès siégeant à Versailles,
à la majorité absolue* des suffrages, pour une durée de

neuf années. — Le Président de la République nomme les ministres et tous les employés civils et militaires; il promulgue* les lois au *Journal officiel*, dispose de la force armée, préside les grandes solennités nationales, reçoit les ambassadeurs*, possède le droit de grâce*, peut dissoudre* la Chambre des députés avec l'autorisation du Sénat. — Le Président de la République demeure au palais de l'Elysée.

Questionnaire. — 1. Quel est le chef du pouvoir exécutif? — 2. Par qui est élu le Président de la République? — 3. Pour combien de temps est-il nommé? — 4. Qu'entendez-vous par promulgation des lois? — 5. Qu'est-ce que le droit de grâce? — 6. Citez les autres attributions du Président de la République.

QUATRIÈME LEÇON

LE POUVOIR EXÉCUTIF(suite) — LES MINISTRES

Les ministres sont les **auxiliaires*** du Chef de l'Etat. Ils sont nommés par le Président de la République pour un temps indéterminé. — La Chambre des députés et le Sénat peuvent leur demander compte de leurs actes. Le Président du Conseil est le chef des ministres. Le Conseil de cabinet est présidé par le Chef de l'Etat. Il y a 10 ministres. Ce sont les ministres de l'Intérieur, de la Justice et des Cultes, des Affaires étrangères, de l'Instruction publique et des Beaux-Arts, des Finances, de la Guerre, de la Marine et des Colonies, des Travaux publics, de l'Agriculture, du Commerce et de l'Industrie.

Questionnaire. — 1. Quel est le chef du pouvoir exécutif? — 2. Par qui et comment est élu le Président de la République? — 3. Pour combien de temps est-il nommé? —

4. Qu'entendez-vous par « promulgation des lois » ? — 5. Qu'est-ce que le « droit de grâce ? » — 6. Citez les autres attributions du Président de la République.

Devoirs oraux ou écrits pour le mois de Novembre

1. *Devoir des électeurs et des élus.* — 1. Ce que doivent faire les électeurs à l'approche d'une élection pour s'instruire sur la valeur morale et intellectuelle des candidats. — 2. Dire pourquoi on doit toujours voter, même lorsqu'aucun des candidats ne représente votre opinion. — 3. Ce qu'on entend par vote libre et consciencieux. — 4. Quels sont les devoirs des élus à l'égard de leurs électeurs ?

2. *Le Sénat.* — 1. Nomination des sénateurs; détails sur leur mode d'élection; composition du collège électoral; durée de leur mandat; attributions du Sénat.

3. *Le Président de la République.* — 1. Élection du Président de la République; durée de son mandat. — 2. Dire quelques mots de chacun des Présidents depuis 1870. — 3. Parler des attributions du Président de la République.

4. Exposez comment vous comprenez le rouage gouvernemental actuel; ce qui fait que le peuple est souverain; comment il délègue ses pouvoirs; par qui sont faites les lois; qui est chargé de les promulguer et de les faire exécuter.

MOIS DE DÉCEMBRE

—

PREMIÈRE LEÇON

LE MINISTÉRE DES AFFAIRES ÉTRANGÈRES

Le ministre des Affaires étrangères s'occupe de nos relations avec les puissances étrangères. — Les agents

placés sous ses ordres sont, suivant leur importance :
les ambassadeurs, les **ministres plénipotentiaires**, les
consuls, les vice-consuls. — Ces fonctionnaires rensei-
gnent le ministre sur tout ce qui se passe au dehors aux
différents points de vue militaire, industriel et commer-
cial. — Le corps diplomatique est la réunion des ambassadeurs et des autres représentants accrédités auprès
d'un gouvernement.

Questionnaire. — 1. Pourquoi le ministre des affaires
étrangères est-il appelé ainsi ? — 2. Montrez l'importance de
ses fonctions. — 3. Nommez les agents qu'il a sous ses ordres.
— 4. Où sont nommés les ambassadeurs, les ministres plénipotentiaires, les consuls ? — 5. Quelles sont les attributions de
ces fonctionnaires ? — 6. Qu'entend-on par corps diplomatique ?
— 7. En cas de guerre, que font les ambassadeurs des nations
belligérantes * ?

DEUXIÈME LEÇON

LES MINISTÈRES DE L'INTÉRIEUR
ET DES TRAVAUX PUBLICS

Le ministre de l'**Intérieur** est chargé de l'administration intérieure du pays. Il a sous ses ordres les **préfets** et
les **sous-préfets**. Il est responsable de la tranquillité publique*, il veille à l'exécution des lois, assure la régu-
larité des élections; il a en outre la surveillance des pri-
sons et des hôpitaux. — Le ministre des **Travaux publics**
surveille les grands travaux de l'État : canaux, ports,
digues*, chemins de fer. — Il a sous ses ordres les **ingénieurs**, les conducteurs et les cantonniers.

Questionnaire. — 1. Dites pourquoi le ministre de l'Intérieur est appelé ainsi ? — 2. Comment peut-il maintenir en

France l'ordre public? — 3. Quels fonctionnaires a-t-il sous ses ordres? — 7. Citez quelques-unes des attributions du ministre de l'Intérieur. — 5. De quoi est chargé le ministre des Travaux publics? — 6. Nommez les fonctionnaires qu'il a sous ses ordres.

TROISIÈME LEÇON

LE MINISTÈRE DE LA GUERRE

Le ministre de la Guerre commande à toutes les troupes de l'armée de terre. Celle-ci est composée de tous les Français valides de 20 à 45 ans. On fait partie de l'armée active pendant 3 ans; de la réserve de cette armée pendant 10 ans (deux périodes de 28 jours); de l'armée territoriale pendant 6 ans (une période de 13 jours); enfin de la réserve de cette armée pendant 6 ans. — L'armée de terre est formée de 19 corps d'armée comprenant chacun de l'infanterie, de la cavalerie, de l'artillerie et du génie.

Questionnaire. — 1. Quelles sont les attributions du ministre de la Guerre? — 2. Combien dure le service militaire? — 3. Comment est-il organisé? — 4. Pourquoi fait-on deux fois 28 jours et une fois 13 jours? — 5. Combien y a-t-il de corps d'armée? — 6. Comment chaque corps d'armée est-il composé?

QUATRIÈME LEÇON

LES MINISTÈRES DE LA MARINE ET DES COLONIES

Le ministre de la Marine est le chef de la flotte ou armée de mer chargée de défendre le littoral* et les colonies*. Cette armée se recrute principalement parmi les inscrits maritimes. On appelle ainsi les habitants des côtes de 18 à 50 ans, qui se livrent à la pêche et à la navigation. — L'effectif de la flotte est d'environ 45,000 hommes, et le nombre des navires (cuirassés*, croiseurs*, avisos*, canonnières*, torpilleurs*) dépasse 180. — Le ministre des Colonies administre les possessions françaises dans les cinq parties du monde.

Questionnaire. — 1. Quelles sont les attributions du ministre de la Marine? — 2. Qu'est-ce qu'une flotte? — 3. Comment se recrute l'armée de mer? — 4. Qu'appelle-t-on inscrits maritimes? — 5. A combien s'élève l'effectif de la flotte? — 6. Combien possédons-nous de navires de guerre? — 7. Qu'est-ce qu'un cuirassé? un aviso? une canonnière? un torpilleur? — 8. Quelles sont les attributions du ministre des Colonies?

Devoirs oraux ou écrits pour le mois de Décembre

1. *Le Ministre des Affaires étrangères.* — 1. Rôle du ministre des Affaires étrangères; agents qu'il a sous ses ordres; attributions de chacun d'eux. — 2. Le corps diplomatique; ses rapports avec les chefs de l'Etat.

2. *L'Armée.* — 1. Son recrutement. — 2. Le service obligatoire; exclusions, exemptions. — 3. Son organisation. — 4. Les corps d'armée.

3. *L'armée d'autrefois.* — 1. Réformes principales dans l'armée avant la Révolution. — 2. Les armées de la République. — 3. Sous l'Empire. — 4. La loi Gouvion Saint-Cyr. — 5. Les lois de 1872 et de 1889.

3. *L'armée de mer.* — 1. Montrer la nécessité pour la France de posséder une armée de mer. — 2. Comment se fait le recrutement; conscription maritime; inscription maritime. — 3. Composition de la flott — 4. Les arrondissements maritimes.

MOIS DE JANVIER

PREMIÈRE LEÇON

LE MINISTÈRE DES FINANCES — LE BUDGET

Le ministre des **Finances** a sous ses ordres : des inspecteurs, des trésoriers-payeurs généraux, des receveurs généraux et particuliers, des percepteurs. — Le budget est le tableau annuel des recettes et des dépenses de l'Etat. Il est dressé par le ministre des Finances et la Commission du budget, puis discuté et voté par les Chambres ; enfin il est réparti par les Conseillers généraux et d'arrondissement. — Les principales dépenses de l'Etat sont : la dette publique (1 milliard et demi), l'armée de terre (700 millions), l'armée de mer (200 millions), l'instruction publique (200 millions) ; le total des dépenses atteint 3 milliards 200 millions.

Questionnaire. — 1. Nommez les fonctionnaires placés sous les ordres du ministre des Finances. — 2. Qu'est-ce que le budget ? — 3. Par qui est-il dressé, discuté, voté ? — 4. Comment les dépenses sont-elles réparties entre les départements et les communes ? — 5. Comment chaque citoyen sait-il ce qu'il doit payer d'impôt ? -- 6. Nommez les principales dépenses de l'Etat. — 7. A combien s'élève le budget des dépenses ?

DEUXIÈME LEÇON

LE MINISTÈRE DES FINANCES (suite)
RECETTES ET DÉPENSES

Les principales recettes de l'Etat proviennent : 1º des impôts (2 milliards 100 millions) ; 2º des monopoles* (600

millions); 3º des **droits de douanes** * (400 millions);
4º des **domaines nationaux** * (45 millions). — Pour que
le budget soit en équilibre, il faut que le total des recettes soit au moins égal à cel.. des dépenses. — Dans le
cas où les dépenses dépassent les recettes, l'Etat recourt
à l'emprunt* ou à l'impôt* pour combler* le déficit*. —
La dette publique en France s'élève à 32 milliards, soit
854 fr. par tête.

Questionnaire. — 1. D'où proviennent les principales recettes de l'Etat? — 2. Qu'est-ce qu'un monopole? — 3. Qu'entend-on par domaines nationaux? — 4. Par droits de douanes?
— 5. Quand dit-on que le budget est en équilibre? — 6. Qu'ar-
rive-t-il quand les dépenses dépassent les recettes? — 7. Comment se fait un emprunt d'Etat? — 8. Quel est le montant de
la dette publique en France?

TROISIÈME LEÇON

LES IMPOTS DIRECTS

L'**impôt** est la part réclamée à chaque citoyen pour
les dépenses publiques. Il est fixé, chaque année, par
les Chambres. — Les impôts directs sont ceux que l'on
paye au percepteur. On distingue : la **foncière** * la **personnelle-mobilière** *, la **patente** *, et les **portes et fenêtres**.
— Les contributions **directes** comprennent : 1º le **principal**, qui est uniforme pour toute la France; 2º les **centimes additionnels**, qui varient suivant les départements
et les communes.

Questionnaire. — 1. Qu'est-ce que l'impôt? — 2. Par
qui est-il fixé? — 3. Qu'entend-on par impôts directs? — 4.
Nommez les impôts directs. — 5. Qu'entend-on par impôt fon-

cier? — 6. Par cote personnelle et mobilière? — 7. Par patente? — 8. Quels sont les deux éléments des contributions directes? — 9. Qu'offre de particulier le principal? — 10. A quoi servent les centimes additionnels?

CONTRIBUTIONS DIRECTES ET TAXES COMMUNALES ASSIMILÉES

SOMMATION SANS FRAIS

UNIQUE POUR L'ANNÉE

(*Loi du 15 mai 1818, art. 51*).

M

Vous êtes requis de payer, *sans retard*, les termes échus de vos contributions et autres taxes désignées.

Vous êtes prévenu que, faute de payement dans le délai de *huit jours*, les poursuites ordonnées par les lois seront faites contre vous.

A   , le   189

Le Percepteur,

SOMMATION AVEC FRAIS

En exécution de la contrainte décernée par M. le Receveur des Finances de l'arrondissement, le   189 , et après les publications et sommations faites dans les délais voulus par la loi et les règlements,

M   , demeurant à   , est prévenu qu'il est soumis à la poursuite par sommation, avec frais, et sommé de payer, *sous trois jours*, au plus tard, entre les mains du Percepteur, la somme de   , dont il est redevable pour ses contributions. Ce délai expiré, il y sera contraint par voie de commandement, jusqu'à parfait paiement des termes échus.

Et, pour que M   n'en ignore, le présent, dont le coût est de   centimes, a été laissé à son domicile, parlant à sa personne, ou, en son absence, à

A   , le   189

L'Agent des poursuites,

ANNÉE 18 .

AVERTISSEMENT POUR L'ACQUIT DES CONTRIBUTIONS
Foncière, Personnelle-Mobilière et des portes & fenêtres
de 18 .
Établies en exécution de la loi du 17 juillet 1895.

(ARTICLE ...... DU RÔLE)

M ....

demeurant à .... est imposé de la manière suivante :

NATURE, BASES ET DÉTAIL DES CONTRIBUTIONS	MONTANT des COTES	Part	
		de L'ÉTAT	du département et de la commune
1	**2**	**1**	**2**
Contribution foncière.	fr. c.	fr. c.	fr. c.
1° *Propriétés bâties, chantiers, etc. :*			
Pour un REVENU NET de............fr.......c.			
2° *Propriétés non bâties et sols des propriétés bâties :*			
Pour un REVENU CADASTRAL de.....f.....c.			
Contribution personnelle-mobilière.	fr. c.		
Cote personnelle (............). . .			
Cote mobilière, sur un loyer de ....francs.			
Contribution des portes et fenêtres.	fr. c.		
Pour......portes cochères, charretières ou de magasin. . . .			
Pour......portes et fenêtres des rez-de-chaussée, entresol, 1er et 2e étages..			
Pour......fenêtres du 3e étage et au-dessus.			
Pour......maison à 1 ouverture.			
Pour......maison à 2 ouvertures			
Pour......maison à 3 ouvertures			
Pour......maison à 4 ouvertures			
Pour......maison à 5 ouvertures			
PLUS pour frais du présent avertissement.	» 05	» 05	» »
TOTAL.			
Le douzième du montant total des contributions est de. . . ..fr.......c.			

CERTIFIÉ CONFORME AU RÔLE : *Le Directeur des Contributions directes,*

CHEMINS VICINAUX

MODÈLE N° 9

ANNÉE 18 .

Circulaire
du 19 juillet 1895,
n° 880.

AVERTISSEMENT GRATIS

POUR L'ACQUIT DE LA

Taxe des prestations en nature de 18 .

Etablie en exécution de la loi du 17 juillet 1895.

(Article ....du rôle).

M ....

demeurant à .... est imposé de la manière suivante :

NATURE DES BASES DE COTISATION	NOMBRE		PRIX de la journée fixé par le conseil général.	MONTANT de la taxe.
1	des ÉLÉMENTS imposables. 2	de journées correspondantes. 3	4	5
			fr. c.	fr. c.
Hommes.........			2 20	
Chevaux ou mulets....			2 80	
Bœufs.........			1 50	
Vaches attelées......			1 25	
Anes..........			1 10	
Voitures à 2 roues....			1 40	
Voitures à 4 roues....			2 20	
....				
TOTAL.........				

(Dont le douzième est de...........fr..........c.)

CERTIFIÉ CONFORME AU RÔLE :

Le Directeur des Contributions directes,

QUATRIÈME LEÇON

LES IMPOTS INDIRECTS

Les impôts indirects sont ceux que l'on ne paye pas au percepteur. Les principaux impôts indirects sont : 1° les impôts de consommation qu'on prélève sur le sucre, le café, les boissons, etc; 2° les droits d'enregistrement ou taxes payées à l'Etat lorsqu'on achète ou qu'on hérite; 3° les droits de timbre, obligatoires pour certains actes; 4° les monopoles ou droits que se réserve l'Etat de fabriquer et de vendre certains produits; 5° les droits de douanes, taxes perçues sur certains produits à leur entrée en France. — Un bon citoyen paye exactement ses impôts et ne fraude jamais le fisc*.

Questionnaire. — 1. Qu'entend-on par impôts indirects? — 2. Nommez les principaux impôts indirects. — 3. Qu'est-ce que les impôts de consommation ? — 4. Les droits d'enregistrement? — 5. Les droits de timbre? — 6. Les monopoles ? — 7. Les droits de douanes ?—8. Pourquoi un bon citoyen doit-il payer exactement les impôts? — 9. Que pensez-vous de celui qui fraude le fisc?

Devoirs oraux ou écrits pour le mois de Janvier

1. *Les Finances.* — *Le Budget.* — 1. Organisation financière de la France. — 2. Le budget, par qui il est dressé, discuté et voté. — 3. Répartition de l'impôt entre les départements, les arrondissements et les communes. — 4. Dites ce que vous savez des principales dépenses de l'Etat.

2. *Les Finances : recettes et emprunts.* — 1. Enumération des principales recettes de l'Etat. — 2. L'équilibre du budget.

3. Emprunt de l'Etat; comment on procède. — 4. Dans quels cas l'Etat recourt à l'emprunt.

3. *L'Impôt.* — 1. Définition. — 2. Deux sortes d'impôts. — 3. Les impôts directs; détails sur chacun d'eux. — 4. Eléments des contributions directes. — 5. Les centimes additionnels.

4. *Les Impôts indirects.* — 1. Définition de l'impôt indirect. 2. Nomenclature des principaux impôts indirects. 3. — Parlez des monopoles, des octrois et des douanes. — 4. Comment se fait la perception de l'impôt?

MOIS DE FÉVRIER

—

PREMIÈRE LEÇON

LE MINISTÈRE DE LA JUSTICE

Le ministre de la Justice est le chef suprême de tous les tribunaux; il nomme tous les juges. — Il y a six sortes de tribunaux : les tribunaux civils, les tribunaux correctionnels, les tribunaux de commerce, les tribunaux administratifs, les tribunaux militaires et les conseils de prud'hommes*. — Les tribunaux civils sont : la justice de paix, les tribunaux de première instance et les 26 cours d'appel; ils jugent les contestations* qui s'élèvent entre deux ou plusieurs personnes. — Dans chaque chef-lieu de canton, il y a une justice de paix, et au chef-lieu d'arrondissement un tribunal de première instance. — Les cours d'appel sont chargées de reviser les procès au sujet desquels s'élèvent des contestations.

Questionnaire. — 1. Quelles sont les attributions du ministre de la Justice? — 2. Combien y a-t-il de sortes de tribunaux? Nommez-les. — 3. Quels sont les tribunaux civils? — 4. Que jugent-ils? — 5. Où sont établis les tribunaux de première instance? et les justices de paix? — 6. Quelles sont les attributions des Cours d'appel?

DEUXIÈME LEÇON

LA COUR D'ASSISES ET LA COUR DE CASSATION

La cour d'assises et le jury ont été créés par l'Assemblée nationale constituante pour éviter la sévérité des juges ordinaires portés, par habitude, à voir des coupables dans tous les accusés. — Le jury est la réunion de 12 citoyens, tirés au sort, sur une liste spéciale, pour juger les personnes accusées d'un crime. La cour d'assises tient 4 sessions par an. — La cour de cassation est le tribunal suprême; elle peut casser les jugements mal rendus.

Questionnaire. — 1. A quelle époque ont été créés la Cour d'assises et le jury? — 2. Pourquoi a-t-on créé ces tribunaux? — 3. Comment est composé le jury? — 4. Quels crimes juge t-il? — 5. Où et quand se réunit la Cour d'assises? — 6. Où siège la Cour de cassation? — 7. Pourquoi ce tribunal est-il appelé ainsi?

TROISIÈME LEÇON

LES TRIBUNAUX SPÉCIAUX

Les tribunaux spéciaux sont : les tribunaux de commerce, les tribunaux administratifs, les conseils de guerre et les conseils de prud'hommes. — Les tribunaux de commerce sont établis dans les villes importantes pour juger les affaires commerciales. Les membres sont élus par les commerçants. — Les militaires ont des tribunaux très sévères appelelés conseils de guerre. — Les conseils de prud'hommes jugent les différends entre patrons et ouvriers ; ils sont composés en nombre égal de patrons et d'ouvriers. — Le ministère public est chargé de la poursuite des délits et des crimes. Il est représenté par les commissaires de police*, les procureurs de la République et leurs substituts : c'est la magistrature debout.

Questionnaire. — 1. Nommez les tribunaux spéciaux. — 2. Pourquoi les désigne-t-on ainsi? — 3. Où sont établis les tribunaux de commerce? — 5. Par qui sont-ils nommés? — 6. Quélles sont leurs attributions? — 7. Comment appelle-t-on les tribunaux militaires? — 8. Qu'entend-on par conseils de prud'hommes? — 9. Comment sont-ils composés? — 10. Par qui est représenté le ministère public? — 11. De quoi est-il chargé? — 12. Quel nom donne-t-on encore au ministère public?

QUATRIÈME LEÇON

LES TRIBUNAUX ADMINISTRATIFS

Les tribunaux administratifs jugent les **différends*** entre les particuliers et l'Etat, ainsi que les **protestations** en matière d'élection. Il y en a un au chef-lieu de chaque département qui porte le nom de conseil de préfecture. Les différends et les protestations sont jugés à Paris en dernier ressort* par le conseil d'Etat. Ce conseil prépare en outre les lois et rédige les règlements d'administration publique.

Questionnaire. — 1. De quoi s'occupent les tribunaux administratifs? — 2. Où siège le conseil de préfecture? Pourquoi l'appelle-t-on ainsi? — 3. En cas de contestation, où sont jugées les décisions rendues par le Conseil de préfecture? — 4. De quoi s'occupe encore le Conseil d'Etat?

Devoirs oraux ou écrits pour le mois de Février

1. *La justice de paix.* — 1. Affaires civiles et contraventions qui sont de son ressort — 2. Rôle conciliateur du juge de paix. — 3. Autres attributions du juge de paix. — 4 Le greffier, l'huissier.

2. *Tribunal de première instance.* — 1. Composition du tribunal de première instance; le parquet. — 2. Ses attributions civiles et commerciales. — 3. Atrributions correctionnelles; délits.

3. *La Cour d'appel et la Cour d'assises.* — 1. Cas où l'on peut aller en appel; conditions. — 2. Attributions des Cours d'appel. — 3. Origine des Cours d'assises; motifs de leur institution. — 4. Composition du jury. — 5. Crimes jugés par la Cour d'assises.

4. *Conseil de préfecture et Conseil d'Etat.* — 1. Composition du Conseil de préfecture et du Conseil d'Etat. — 2. Attributions judiciaires de chacun de ces tribunaux. — 3. Fonctions administratives.

MOIS DE MARS

PREMIÈRE LEÇON

LE MINISTÈRE DE L'INSTRUCTION PUBLIQUE

Le ministre de l'Instruction publique est le grand-maître* de l'Université*. Il nomme tous les professeurs et délègue des inspecteurs pour surveiller l'enseignement. — L'instruction publique se divise en trois ordres : l'enseignement primaire, l'enseignement **secondaire** et l'enseignement supérieur. — L'enseignement primaire est donné aux enfants de 6 à 13 ans, par les instituteurs et les institutrices laïques munis d'un brevet de capacité. — Les écoles primaires publiques sont **gratuites**[*], **laïques**[*] et **obligatoires**[*].

Questionnaire. — 1. Quelles sont les attributions du ministre de l'Instruction publique ? — 2. Combien y a-t-il de degrés dans l'enseignement? — 3. Par qui est donné l'enseignement primaire ? — 4. Nommez les trois caractères de l'école publique. — 5. Qu'entendez-vous par ces mots : gratuit? laïque? obligatoire?   6. Par qui sont surveillées les écoles publiques?

DEUXIÈME LEÇON

LE MINISTÈRE DE L'INSTRUCTION PUBLIQUE (suite)

L'enseignement **secondaire** est celui qui est donné dans les lycées et collèges. Il comprend deux sections : l'enseignement moderne et l'enseignement classique qui aboutissent aux divers baccalauréats[*] Cet enseignement est donné par des professeurs. — L'enseignement **supérieur** est celui qui est donné dans les facultés de droit, de médecine, de sciences et de lettres. — Le ministre de l'instruction publique, les inspecteurs généraux, les recteurs et les inspecteurs d'académie sont chargés de la surveillance de ces **enseignements**.

Questionnaire. — 1. Qu'est-ce que l'enseignement secondaire? — 2. Combien comprend-il de sections? — 3. Par qui cet enseignement est-il donné? — 4. Où donne-t-on l'en-

seignement supérieur? — 5. Quelles sont les personnes chargées de surveiller ces deux ordres d'enseignement?

TROISIÈME LEÇON

LE MINISTÈRE DES POSTES ET TÉLÉGRAPHES

Le ministre des **Postes** et **Télégraphes** a sous ses ordres, dans chaque département, un **directeur**, des **inspecteurs**, des **receveurs** et des **facteurs**. — Des bureaux de
poste sont établis dans les centres les plus importants
de chaque canton. — Les facteurs remettent les corres-
pondances à destination. — Les timbres sont de quinze
valeurs différentes et sont vendus dans les bureaux de
poste et les débits de tabac. — Les papiers d'affaires ne
payent que 0 fr. 05 par 50 grammes. — Les télégraphes*,
les téléphones* et les câbles sous-marins* sont utilisés
pour les communications.

Questionnaire. — 1. Quelles sont les attributions du ministre des Postes et Télégraphes? — 2. A quoi servent les bureaux de poste? — 3. Où sont-ils établis? — 4. Que doit por-
ter la suscription d'une lettre? — 5. Où trouve-t-on des timbres? — 6. Quelle différence y a-t-il entre un télégraphe et un
téléphone? — 7. A quoi servent les câbles sous-marins?

ADRESSES

POUR LES VILLES

Monsieur Paul Dupont 4, rue du Bouloi Paris (Seine).	Monsieur Buxtorf 15, rue Notre-Dame à Troyes (Aube).

COMMUNES OU IL Y A UN BUREAU DE POSTE

<table>
<tr><td>

Monsieur Paul DELAINE

Maçon à Lusigny

(Aube).

</td><td>

Monsieur Camille BAILLY

Quincailler à Vitry-le-Croisé

(Aube).

</td></tr>
</table>

COMMUNES OU IL N'Y A PAS DE BUREAU DE POSTE

<table>
<tr><td>

Monsieur RACOILLET

Vigneron à Urville

Pr Bligny (Aube).

</td><td>

Monsieur MOUGIN

Propriétaire aux Poteries

Commune de Chaource

(Aube).

</td></tr>
</table>

QUATRIÈME LEÇON

LES MINISTÈRES DU COMMERCE, DE L'INDUSTRIE ET DE L'AGRICULTURE

Le ministre du Commerce et de l'Industrie veille aux intérêts généraux du commerce et de l'industrie. Il prépare les **traités de commerce*** qui établissent nos rapports avec les nations étrangères. — Plusieurs écoles sont placées sous sa surveillance : l'Ecole centrale des **arts et manufactures*** qui forme des ingénieurs; les **Ecoles des arts et métiers** qui préparent des contre-maîtres pour l'industrie. Le ministre de l'Agriculture encourage la **propagation*** des bonnes méthodes de culture; il administre aussi les forêts de l'Etat. — L'Ecole forestière, les Ecoles d'agriculture et d'horticulture ressortissent à son ministère.

Questionnaire. — 1. Quelles sont les attributions du ministre du Commerce et de l'Industrie? — 2. Pour quelles raisons signons-nous des traités de commerce avec les nations étrangères? — 3. Nommez les écoles placées sous la surveillance de ce ministre. — 4. Quel est le rôle du ministre de l'Agriculture? — 5. Nommez les écoles placées sous ses ordres.

Devoirs oraux ou écrits pour le mois de Mars

1. *L'enseignement primaire.* — 1. Ecoles où l'enseignement primaire est donné. — 2. Maîtres chargés de donner cet enseignement. — 3. Matières qu'on y enseigne. — 4. Titres qu'on peut obtenir.

2. *L'enseignement gratuit, laïque et obligatoire.* — Dites pour quelles raisons on a rendu l'école gratuite, laïque et obligatoire.

3. *L'enseignement secondaire et l'enseignement supérieur.* — 1. Où ces enseignements sont-ils donnés? — 2. Quels titres peut-on obtenir dans l'enseignement secondaire et dans l'enseignement supérieur? — 3. Qui enseigne dans ces établissements et par qui est surveillé l'enseignement?

4. *Le Ministère des Postes et Télégraphes.* — 1. Attributions du ministre des Postes et Télégraphes. — 2. Rôle du bureau de poste et du facteur. — 3. Dire ce qu'on sait des taxes, des lettres et des imprimés.

MOIS D'AVRIL

PREMIÈRE LEÇON

LES CULTES ET LES BEAUX-ARTS

Ces deux ministères sont toujours réunis à d'autres, le plus souvent à l'instruction publique. — Pour les cultes, le Concordat règle les rapports entre le temporel* et le spirituel*. — L'Etat reconnaît les cultes catholique, protestant et israélite. Le territoire français est divisé en 17 diocèses administrés par des archevêques, des évêques et des curés. — Les protestants ont des consistoires*, des synodes* et un conseil central. — Les israélites ont six consistoires, dont un central à Paris. — L'administration a dans ses attributions : les théâtres, les musées, les Ecoles nationales des beaux-arts et les manufactures de Sèvres, des Gobelins et des Beaux-Arts.

Questionnaire. — 1. Pourquoi les Cultes et les Beaux-Arts ne forment-ils pas des ministères séparés ? — 2. Qu'est-ce que le Concordat ? — 3. Comment est divisé le territoire français au point de vue catholique ?　4. Parlez de l'administration des diocèses ? — 5. Quels sont les autres cultes reconnus en France ? — 6. Comment est organisé le culte protestant ? — 7. Qu'a dans ses attributions l'administration des Beaux-Arts ?

DEUXIÈME LEÇON

LA CONFECTION DES LOIS

Un projet de loi peut être présenté au Parlement par les membres des deux Chambres. Il est d'abord examiné par une commission élue. Un rapporteur résume les décisions prises qui servent de base pour le débat public* auquel tous les députés peuvent prendre part. On passe ensuite au vote. — Les deux Chambres votent séparément sur le même projet. — Toutes les lois votées sont promulguées par le Président de la République au *Journal officiel*. Un extrait* de celui-ci est affiché dans toutes les communes pour que tous les citoyens puissent prendre connaissance de la loi.

Questionnaire. — 1. Qui peut déposer des projets de loi ? — 2. Quelles sont les formalités à remplir ? — 3. Pourquoi nomme-t-on une commission ? — 4. Quel est le rôle du rapporteur ? — 5. Qu'entend-on par discussion de la loi ? — 6. Qu'est-ce que le *Journal officiel*? — 7. Quand dit-on qu'une loi est promulguée?

Devoirs oraux ou écrits pour le mois d'Avril

1. *La Loi.* — 1. Définition. — 2. Dépôt du projet de loi.— 3. Nomination d'une commission. — 4. Rapporteur. — 5. Discussion de la loi. — 6. Examen de la loi par les deux Assemblées. — 7. Promulgation au *Journal officiel*.

1. *Les Cultes.* — 1. Qu'est-ce que le Concordat? — Par qui a-t-il été institué? — A quelle époque? — 2. Dites comment la France est administrée au point de vue catholique. — 3. Dites ce que vous savez de l'Administration des Beaux-Arts.

MOIS DE MAI

—

PREMIÈRE LEÇON

LE DÉPARTEMENT

C'est l'Assemblée constituante qui créa les départements. A la tête du département est un préfet nommé pour un temps indéterminé par le Président de la République sur la proposition du ministre de l'Intérieur. Ses fonctions sont rétribuées. Il est chargé de la police générale et de l'exécution des lois. — Un secrétaire général l'assiste ainsi qu'un conseil de préfecture (V. 4ᵉ leçon de février) et un conseil général.

Questionnaire. — 1. Quelle est l'origine des départements? — 2. D'où notre département tire-t-il son nom? — 3. Pour quelles raisons le département a-t-il un budget? — 4. Qui nomme le Préfet? Pour combien de temps? — 5. Où réside le Préfet? — 6. Quelles sont ses principales attributions? — 7. Par qui le Préfet est-il assisté? — 8. Citez quelques-unes des attributions du Conseil de préfecture.

DEUXIÈME LEÇON

LE CONSEIL GÉNÉRAL

Le conseil général se compose d'autant de membres qu'il y a de cantons. Les conseillers sont élus pour six années par le suffrage universel de chaque canton. La moitié des membres est renouvelable tous les trois ans. Leurs fonctions sont gratuites.— Ils se réunissent deux fois par an dans une des salles de la préfecture (2e lundi après Pâques, et le 1er lundi après le 15 août). — Le conseil général vote le budget départemental, veille à l'entretien des propriétés départementales et des routes. — Ces conseillers votent à l'élection des sénateurs. — Une commission départementale* assiste le préfet en l'absence du conseil général.

Questionnaire. — 1. Comment est composé le Conseil général? — 2. Par quel suffrage sont élus ses membres? — 3. Pour combien de temps sont-ils nommés? — 4. Où se réunissent-ils? — 5. Combien y a-t-il de sessions? Quand commencent-elles? — 6. Nommez quelques-unes des attributions du Conseil général. — 7. Quel est le rôle de la Commission départementale?

TROISIÈME LEÇON

LE CONSEIL D'ARRONDISSEMENT

Les arrondissements ont été créés sous le Consulat (an VII). Ils sont administrés par un sous-préfet assisté d'un conseil d'arrondissement. Le sous-préfet est nommé comme le préfet (V. 1re leçon de mai). Il sert d'intermédiaire* entre les maires et l'administration. — Le conseil d'arrondissement est composé de neuf membres élus comme les conseillers généraux (V. leçon précédente). Cette assemblée n'a qu'une session qui se tient avant et après celle d'août du conseil général. Le conseil d'arrondissement émet des vœux* et des avis qu'il transmet au conseil général; il répartit* aussi le contingent* d'impôt entre les communes.

Questionnaire. — 1. A quelle époque les arrondissements ont-ils été créés? — 2. D'où tirent-ils leur nom? —

3. Comment est administré l'arrondissement? — 4. Par qui le Sous-Préfet est-il nommé? — 5. Quelles sont ses attributions? — 6. Combien y a-t-il de membres au Conseil d'arrondissement? — 7. Pour combien de temps sont-ils nommés? Comment se renouvellent-ils? — 8. Quelles sont les attributions du Conseil d'arrondissement?

QUATRIÈME LEÇON

LE CANTON

Le canton n'est pas une division administrative puisqu'il n'a pas de budget; c'est une division judiciaire. — Le juge de paix est à la fois conciliateur* et juge dans des différends pour affaires ne s'élevant pas à plus de 100 francs. — C'est par canton que sont nommés les conseillers généraux et les conseillers d'arrondissement. C'est au canton que se fait le recrutement de l'armée* — Une brigade de gendarmerie, une perception, un bureau d'enregistrement, un bureau de poste sont établis dans chaque chef-lieu de canton.

Questionnaire. — 1. Pourquoi le canton n'est-il pas une division administrative? — 2. Par qui est nommé le juge de paix? Pour combien de temps? — 3. Quelles sont ses attributions? — 4. Nommez les élections qui se font par canton. — 5. Au point de vue militaire, que se passe-t-il au chef-lieu de canton? — 6. Nommez quelques-uns des services établis au chef-lieu de canton.

Devoirs oraux ou écrits pour le mois de Mai

1. *Le Département.* — 1. Le département; son origine; son nom. — 2. L'administration du département. — 3. Nomina-

tion et attributions du préfet, du secrétaire général et du Conseil de préfecture.

2. *Le Conseil général.* — 1. Composition de cette assemblée. — 2. Election de ses membres. — 3. Attributions administratives et politiques du Conseil général. — 4. Rôle de la commission départementale.

3. *L'Arrondissement.* — 1. Nomination et attributions du sous-préfet. — 2. Les conseillers d'arrondissement; nombre; élection; lieu de réunion; attributions.

4. *Le Canton.* — 1. Dire pourquoi le canton n'est pas une division administrative, mais judiciaire. — 2. Ce qui se passe au chef-lieu de canton aux points de vue militaire et électoral. — 3. Parlez des services établis au chef-lieu de canton.

MOIS DE JUIN

—

PREMIÈRE LEÇON

LA COMMUNE

La commune est une étendue de territoire où les habitants ont des intérêts communs et sont administrés par un maire et un conseil municipal. — Le mot « commune » rappelle les grands et mémorables efforts tentés par nos pères au moyen-âge pour leur affranchissement. — Les bienfaits des associations communales croissent avec l'importance des communes; plus les centres sont populeux, mieux on trouve ce dont on a besoin. La commune ayant des biens, des édifices, des chemins, possède des revenus et des dépenses; de là, la nécessité pour elle d'avoir des administrateurs.

MANDAT DE PAYEMENT

COMMUNE D...

Crédit alloué pour ....

Article   du budget primitif. . . .
Article   du budget additionnel. . .
Autorisation spéciale du
Montant de l'allocation. . . .

MANDAT de F.

En vertu des Crédits ouverts pour l'Exercice 189   , M. le Receveur municipal payera à la partie prenante la somme de

pour l'objet de dépense et sur la remise des pièces ci-après désignées.

DÉSIGNATION de la Partie prenante (qualité, profession) 1	OBJET DU PAYEMENT 2	SOMMES 3	INDICATION des pièces à produire au Receveur municipal, à l'appui du présent mandat. 4
M	....	....	....
....	....	....	....
....	....	....	....
....	....	....	....
....	....	....	Pièces déjà produites à l'appui du mandat de fr.
demeurant	....	....	Exercice 189 .Art. du budget. N°
à	....	....	du compte de 189 .
	Somme à payer.	....	

Le présent Mandat, dûment quittancé, sera alloué en compte au Receveur municipal en rapportant les pièces ci-dessus relatées.

A   , le   189 .

Pour acquit de la somme portée au présent Mandat.

(Sceau de la Mairie)

Le Maire,

A   , le   189

Budget [1] de la commune de ....

Population : ...... habitants

TITRE Ier. — RECETTES

PERCEPTION

de ....

Contrib. foncière. . . . 13.336.06
personnelle et
mobilière. . . 3.075.44
portes et fené-
tres. 1.456.06
patentes.. . . 2.394.94
Total.. . . 20.262.50

N^{os} d'ordre	NATURE DES RECETTES	RECETTES constatées au dernier compte	RECETTES PROPOSÉES			RECETTES admises par le Préfet	OBSERVATIONS
			par le Maire	par le Conseil municipal	par le Sous-Préfet.		
	CHAPITRE PREMIER. — Recettes ordinaires.						
2	Attribution sur les patentes..	68.59	40	40	40	40	
3	Attribution sur les permis de chasse..	290	100	100	100	100	
4	Attribution sur la taxe des chevaux et voitures.	10.50	5	5	5	5	
10	Biens communaux.	307	307	307	307	307	
13	Taxe municipale sur les chiens.	512	200	200	200	200	
25	Imposition extraordinaire pour { 1º Insuffisance de revenus.. .	5.613.75	5.678.50	5.678.50	5.678.50	5.678.50	79 centimes 82.
26	{ 2º Salaire du garde-champêtre	611.22	600	600	600	600	8 centimes 371.
27	{ 3º { Evaluation en argent des prestations en nature. .	2.773.99	2.852	2.852	2.852	2.852	3 journées.
28	{ Centimes pour chemins vicinaux..	363.82	364	364	364	364	5 centimes.
	Total des Recettes ordinaires..	10.956.51	10.503.50	10.503.50	10.503.50	10.503.50	
	CHAPITRE II — Recettes extraordinaires.						
38	Imposition temporaire pour caisse des écoles. .	691.27	678	678	678	678	
39	Imposition pour chemins vicinaux.	378.37	361	361	361	361	
	Total des Recettes extraordinaires.. . . .	1.069.64	1.039	1.039	1.039	1.039	
	RÉCAPITULATION						
	Recettes ordinaires..	10.956.51	10.503.50	10.503.50	10.503.50	10.503.50	
	Recettes extraordinaires.	1.069.64	1.039	1.039	1.039	1.039	
	Total général des Recettes..	12.026.15	11.542.50	11.542.50	11.542.50	11.542.50	

(1) Principaux articles.

TITRE II. — Dépenses

N° d'ordre	NATURE DES DÉPENSES	DÉPENSES constatées au dernier compte	DÉPENSES PROPOSÉES			CRÉDITS alloués par le Préfet	OBSERVATIONS
			par le Maire	par le Conseil municipal	par le Sous-Préfet		
	CHAPITRE PREMIER.— Dépenses ordinaires.						
1	Traitement du secrétaire de la mairie....	300	300	300	300	300	
2	Frais de bureau de la mairie........	100	100	100	100	100	
12	Frais de registres de l'état civil.......	30	40	40	40	40	
21	Traitement du garde-champêtre.......	600	600	600	600	600	
36	Contribution des biens communaux....	600	125	125	125	125	
37	Assurance des bâtiments communaux....	120	40	40	40	40	
	Contre l'incendie.......	38	200	200	200	200	
38	Loyer et entretien de la maison commune.	40	40	40	40	40	
39	Chauffage de la mairie........	40	40	40	40	40	
44	Entretien des rues et pavés........	100	100	100	100	100	
45	Entretien des pompes à incendie.......	60	50	50	50	50	
46	Entretien des chemins vicinaux.......	3.126.14	3.216	3.216	3.216	3.216	
82	Entretien des maisons d'école......	213.45	200	200	200	200	
83	Chauffage et éclairage des salles de classe..	210	210	210	210	210	
84	Acquisition et entretien du mobilier scolaire.	60	60	60	60	60	
85	Prix d'achat de livres........	50	50	50	50	50	
86	Fournitures de classe aux élèves......	100	100	100	100	100	
121	Dépenses imprévues........	167.70	300	300	300	300	
	Total des Dépenses ordinaires.....	10.956.51	10.503.50	10.503.50	10.503.50	10.503.50	
	CHAPITRE II. — Dépenses extraordinaires.						
122	Remboursement d'emprunts........	987	1.039	1.039	1.039	1.039	
	Total des Dépenses extraordinaires..	987	1.039	1.039	1.039	1.039	

RÉCAPITULATION

Dépenses ordinaires.........	10.956.51	10.503.50	10.503.50	10.503.50	10.503.50
Dépenses extraordinaires........	987	1.039	1.039	1.039	1.039
Total général des Dépenses.....	11.943.51	11.542.50	11.542.50	11.542.50	11.542.50

RÉCAPITULATION GÉNÉRALE

	SUIVANT LES PROPOSITIONS			SUIVANT LA DÉCISION du Préfet	
	du Maire	du Conseil municipal	du Sous-Préfet		
Recettes ordinaires et extraordinaires.....	11.542.50	11.542.50	11.542.50	11.542.50	
Dépenses ordinaires et extraordinaires....	11.542.50	11.542.50	11.542.50	11.542.50	
Excédent ou déficit...........	» »	» »	» »	» »	

Le présent budget présenté par nous, Maire et Membres du Conseil municipal de
réunis en session ordinaire, conformément à la loi   , le 16 Juin 1896.

    Vu par le Sous-Préfet,   (Suivent les signatures).

Le Préfet du département de   arrête le budget ci-dessus de la commune de
pour l'exercice 1896 :

En recette et en dépense à la somme de *Onze mille cinq cent quarante-deux francs cinquante centimes*, et autorise le Maire
de cette commune à délivrer des mandats sur le Receveur municipal jusqu'à concurrence des allocations portées dans la 4ᵉ colonne
de l'état des Dépenses, sans pouvoir excéder ces allocations, ni disposer de la somme restant libre, qu'après en avoir obtenu
l'autorisation sur une demande délibérée en Conseil municipal.

    A   , le

                LE PRÉFET,

Questionnaire. — 1. Qu'est-ce qu'une commune ? — 2. Dites comment les communes se sont formées en faisant appel à vos connaissances historiques. — 3. Montrez comment les bienfaits des associations communales croissent avec l'importance des communes. — 4. Citez des édifices communaux. — 5. Comment la commune a-t-elle des revenus ? — 6. Faites voir qu'une administration communale est indispensable.

DEUXIÈME LEÇON

LE CONSEIL MUNICIPAL

Les conseillers **municipaux** sont les **délégués** des électeurs de la commune. Ils sont choisis parmi les citoyens les plus **éclairés** et les plus **honnêtes**. — Leur nombre est proportionnel à la population de la commune. Il ne peut être inférieur à 10 ni supérieur à 36. — Ils sont élus pour 4 ans au suffrage universel de la commune. — Leurs fonctions sont gratuites. Ils élisent le maire et les adjoints, votent le budget communal, délibèrent sur les affaires qui intéressent la commune et élisent un ou plusieurs délégués sénatoriaux. — Ils se réunissent en session ordinaire en février, mai, août et novembre et aussi souvent qu'il est utile en session extraordinaire.

Questionnaire. — 1. Comment sont choisis les conseillers municipaux ? — 2. Quel en est le nombre par commune ? — 3. Pour combien de temps, et comment sont-ils élus ? — 4. Pourquoi leurs fonctions sont-elles gratuites ? — 5. Quelles sont leurs attributions ? — 6. Quand se réunissent-ils ?

TROISIÈME LEÇON

LE MAIRE ET LES ADJOINTS

Le maire est élu par ses collègues du conseil municipal à la majorité des voix pour la durée du mandat municipal*. — Le maire est le représentant du Gouvernement auprès de la commune. Il est chargé de la police
municipale, de la surveillance des récoltes, de la répartition des impôts. Il dresse le budget, convoque le conseil
en assemblée, préside les réunions, fait exécuter les décisions prises par le conseil municipal. — Un ou plusieurs adjoints suppléent* le maire en cas d'absence.

Questionnaire. — 1. Par qui est élu le Maire et pour
combien de temps? — 2. Comment le maire est-il le représentant du gouvernement auprès de la commune? — 3. Quelles
sont ses attributions municipales? — 4. Par qui et comment
est nommé l'Adjoint? — 5. Quel est son rôle?

QUATRIÈME LEÇON

LE MAIRE OFFICIER DE POLICE
ET OFFICIER DE L'ÉTAT CIVIL

En qualité d'officier de police, le maire assiste le pro-
cureur de la République dans la recherche des délits et
des crimes. Il a sous ses ordres : les commissaires de
police et leurs agents, ainsi que les gardes champêtres
qui veillent à l'observation des règlements de police et
de voirie. — Les fonctions d'officier de l'état civil consis-
tent à inscrire sur des registres spéciaux les déclarations

de naissances, de mariages et de décès. — Dans les cérémonies officielles, le maire revêt une écharpe tricolore.

Questionnaire. — 1. Que fait le Maire en qualité d'officier de police? — 2. Quels sont les agents qu'il a sous ses ordres? — 3. Qu'entend-on par « Etat civil »? — 4. Quelles sont les attributions du Maire comme Officier de l'état civil? — 5. Qu'est-ce que l'écharpe tricolore? — 6. Dans quelles occasions le Maire doit-il s'en revêtir?

Devoirs oraux ou écrits pour le mois de Juin

1. *La Commune.* — 1. Historique des communes. — 2. Parlez des bienfaits de l'association communale. — 3 Revenus et dépenses de la commune. — 4. Nécessité d'une administration communale.

2. *Le Conseil municipal.* — 1 Choix et élection des conseillers municipaux, au scrutin de liste. — 2. Durée de leur mandat; pourquoi leurs fonctions sont gratuites. — Attributions des conseillers municipaux.

3. *Le Maire et les Adjoints.* — 1. Nécessité pour les conseillers municipaux de nommer un maire. — 2. Election du Maire; durée de son mandat. — 3. Initiative du Maire à l'égard du Conseil municipal. — 4. Attributions du Maire envers le gouvernement et les autorités du département. — 5. Rôle des Adjoints.

4. *L'état civil.* — 1. Ce qu'on entend par actes de l'Etat civil; leur utilité. — 2. Par qui ils sont tenus en France. — 3. Formalités à remplir pour une naissance, un mariage.

Les mois de JUILLET et d'AOÛT seront consacrés à des revisions du Cours d'instruction civique, ou bien à l'étude de quelques Notions très simples d'Economie politique contenues dans le Supplément qui suit :

ÉCONOMIE POLITIQUE

MOIS DE JUILLET

PREMIÈRE LEÇON

DÉFINITION DE L'ÉCONOMIE POLITIQUE — DIVISIONS

L'économie politique est la science des intérêts de la société. Elle étudie les lois générales d'après lesquelles le genre humain est appelé à s'élever en richesse, en intelligence, en moralité. Elle comprend les trois divisions suivantes : 1º production de la richesse; 2º circulation et distribution de la richesse; 3º consommation de la richesse. — Les principaux agents de la production sont : le travail, les forces naturelles*, le capital, l'intelligence et l'instruction. C'est de l'action combinée* de ces quatre éléments que naissent les produits de toute espèce.

Questionnaire. — 1. Qu'est-ce que l'économie politique? — 2. Qu'étudie cette science? — 3. Citez les trois divisions qu'elle comprend. — 4. Nommez les principaux agents de la production. — 5. Que résulte-t-il de la combinaison de ces éléments de production ?

DEUXIÈME LEÇON

LE TRAVAIL, SA RÉMUNÉRATION * — SALAIRES

On entend par travail « toute action suivie en vue d'un résultat utile ». — Le travail est **intellectuel** ou **manuel**. Mais quelle que soit sa forme, pour être fécond, il faut qu'il soit divisé, libre et suffisamment **rémunéré**. En effet : 1° en divisant le travail, on le simplifie et on l'abrège, les frais diminuent ainsi que le prix de revient ; 2° étant libre, le travail favorise la concurrence qui perfectionne les procédés de travail et multiplie la production ; 3° rémunéré convenablement, le travail est un stimulant qui encourage l'ouvrier et excite la production.

Questionnaire. — 1. Qu'est-ce que le travail ? — 2. Sous quelles formes le travail peut-il se présenter ? — 3. Quelles conditions doit présenter le travail pour être fécond ? — 4. Montrez les avantages qui résultent de la division du travail. — 5. De la liberté du travail. — 6. D'une rémunération suffisante du travail.

TROISIÈME LEÇON

LA TERRE ET LES FORCES NATURELLES
RÉMUNÉRATION DU CONCOURS DE L'HOMME
LA PROPRIÉTÉ

La terre et les forces naturelles comme l'eau, le vent, le feu, l'électricité nous procurent les matériaux de la richesse, et les forces qui nous aident à transformer ces matériaux en richesses. — Mais ces agents naturels seuls ne sauraient constituer la richesse ; il faut le concours de l'homme pour les mettre en œuvre. La rémunération de ce concours est la **propriété**. Celle-ci existe chez tous les hommes, même chez le sauvage qui possède des arcs, des flèches, le gibier qu'il a tué. — La société doit garantir la propriété individuelle, car sans elle il ne peut y avoir de travail, sans travail pas de civilisation, mais la misère, le brigandage et la barbarie.

Questionnaire. — 1. Citez des forces naturelles. — 2. Que nous procurent-elles ? — 3. Ces agents naturels constituent-ils seuls la richesse ? — 4. Qu'obtient l'homme du concours qu'il prête aux forces naturelles ? — 5. Montrez que la propriété existe même chez les sauvages. — 6. Que deviendrait la société sans garantie de la propriété individuelle ?

QUATRIÈME LEÇON

LE CAPITAL

Le capital est « tout produit du travail mis en réserve pour une production future ». Il se forme à l'aide de deux éléments : 1° l'épargne faite sur les produits d'un travail antérieur*; 2° l'application de cette épargne à une production nouvelle. — On distingue deux sortes de capitaux : 1° le capital fixe* comme les maisons, les mines, les machines, les outils, etc.; 2° le capital circulant* comme la nourriture, le vêtement, les matières travaillées, etc. — Tous les capitaux, à leur origine, ont été formés par le travail des années écoulées, des siècles précédents.

Questionnaire. — 1. Qu'est-ce que le capital ? — 2. Quels sont les deux éléments qui forment le capital ? — 3. Combien distingue-t-on de sortes de capitaux? — 4. Citez des capitaux fixes et des capitaux circulants. — 5. Quelle a été l'origine de tous les capitaux ?

Devoirs oraux ou écrits pour le mois de Juillet

1. *L'économie politique.* — 1. Définition; ses trois divisions. — 2. Nommez les agents de la production. — 3. Faites voir que c'est de l'action combinée de ces agents que naissent les produits de toute espèce.

2. *Le travail.* — 1. Définition; différentes formes; à quelles conditions il est fécond; le démontrer.

3. *Les forces naturelles et la propriété.* — 1. Ce qu'on entend par forces naturelles? Citez-en quelques-unes. — 2. Ce qu'il faut pour les mettre en œuvre. — 3. Faites voir l'origine de la propriété.

4. *Le Capital.* — 1. Définition. — 2. Comment il se forme. 3. Différentes sortes de capitaux. — 4. Montrer que tous les capitaux ont eu pour origine le travail.

MOIS D'AOUT

PREMIÈRE LEÇON

L'INTELLIGENCE ET L'INSTRUCTION — LES MACHINES

L'instruction est un élément important de la production. Celui qui est instruit a une force que ne possède pas l'ignorant; son travail est mieux réglé, plus utile, plus rémunérateur. — La culture de l'esprit donne les mêmes résultats que la culture de la terre; elle féconde et elle enrichit. — A l'origine des sociétés, l'ouvrier se servit, pour l'aider dans son travail, d'outils fort grossiers; plus tard, les instruments se perfectionnèrent et furent remplacés par des machines, dont le résultat est de produire davantage avec moins de travail.

Questionnaire. — 1. Montrez que l'instruction est un élément important de la production. — 2. Faites une comparaison entre la culture de l'esprit et celle de la terre. — 3. De quoi se servit l'homme à l'origine pour abréger son travail? — 4. Que fit-il plus tard? — 5. Quel est le résultat de l'emploi des machines?

DEUXIÈME LEÇON

CIRCULATION ET DISTRIBUTION DES RICHESSES

L'excès des produits que l'homme tire de son travail est mis en circulation par l'échange. — La valeur des produits vendus est en rapport avec leur **utilité** ou leur **rareté**. Elle se mesure par le **prix**, qui est la quantité de monnaie que nous donnons pour une chose. — L'or et l'argent ont été choisis parce qu'ils sont **portatifs**, **indestructibles** et **invariables**. Pour faciliter les échanges, on a institué le **crédit** qui facilite les transactions commerciales.

Questionnaire. — 1. Que devient l'excès des produits que l'homme tire de son travail? — 2. Montrez comment ils sont mis en circulation. — 3. De quoi résulte la valeur des produits vendus? — 4. Qu'est-ce que le prix d'une chose? — 5. Pour quelles raisons l'or et l'argent sont-ils choisis comme monnaie? — 6. Pourquoi le crédit a-t-il été institué? — 7. Montrez les avantages qu'il présente.

CONSOMMATION DE LA RICHESSE

L'homme consomme ses produits pour se nourrir, se vêtir, se loger, se chauffer. Les consommations sont de deux sortes : 1° **reproductives** * comme les épargnes bien placées, la houille fournie à une machine, l'avoine donnée à un cheval; 2° **improductives** comme les fêtes, les feux d'artifice, l'abus des boissons, l'excès de nourriture, etc. — Les consommations les mieux entendues sont : 1° celles qui satisfont des besoins **réels** * et non notre **sensualité** *; 2° les consommations faites en **commun** à cause des frais généraux qui sont diminués. — Les individus doivent apporter dans leur consommation la plus **stricte** * économie; c'est à cette seule condition que la richesse se multiplie et que progresse la civilisation.

Questionnaire. — 1. Commént l'homme consomme-t-il ses produits? — 2. Comment divise-t-on les consommations? — 3. Citez des consommations reproductives et improductives. — 4. Quels caractères représentent les consommations les mieux entendues? — 5. Pourquoi les individus doivent-ils consommer avec économie?

Devoirs oraux ou écrits pour le mois d'Août

1. *L'intelligence et l'instruction. — Les machines.* — 1. Montrer que l'intelligence et l'instruction sont des éléments importants de la production. — 2. Dites pourquoi, dès l'origine, l'ouvrier s'ingénia à se fabriquer des outils, puis des machines.

2. *Circulation et distribution des richesses.* — 1. Ce que de-

vient l'excès des produits que l'homme tire de son travail. — 2. De quoi résulte la valeur d'un objet. — 3. Raisons pour lesquelles l'or et l'argent ont été choisis comme monnaie.

3. *Consommation de la richesse.* — 1. Comment l'homme consomme ses produits. — 2. Ce qu'on entend par consommations reproductives et improductives; exemples. — 3. Quels sont les caractères des consommations bien entendues.

FIN

LEXIQUE

A

AMBASSADEUR. — Représentant d'une puissance près d'une cour
étrangère.

AUXILIAIRE. — Celui qui aide.

AVISO. — Bâtiment léger et rapide qui porte des avis.

B

BACCALAURÉAT. — Premier grade de l'enseignement secondaire
qui donne le titre de bachelier.

BELLIGÉRANTES — Puissances qui sont en guerre.

BESOIN RÉEL. — Nécessité de premier ordre, indispensable.

BUDGET. — État des recettes et des dépenses d'un pays ou d'une
administration.

BULLETIN. — Suffrage par écrit.

C

CANONNIÈRE. — Petit bâtiment à fond plat armé de canons.

CABLE SOUS-MARIN. — Grosse corde métallique qui sert de fil
télégraphique entre deux pays séparés par la mer.

CAPITAL FIXE. — Valeur qu'on ne peut mouvoir ni transporter.

CAPITAL CIRCULANT. — Valeur transportable, comme l'argent.

COLLÈGE ÉLECTORAL. — Assemblée d'électeurs.

COLONIE. — Population qui sort d'un pays pour aller en habi-
ter un autre.

COMBLER LE DÉFICIT. — Procurer l'argent nécessaire pour payer
l'excédent des dépenses.

Commission départementale. — Délégation du conseil général qui assiste le préfet dans l'intervalle des sessions.

Consommation reproductive. — Dépenses qui produisent des recettes.

Combiner. — Composer, coordonner dans un certain ordre.

Commissaire de police. — Fonctionnaire chargé, dans les villes, de faire observer les ordonnances de police.

Conciliateur. — Celui qui met d'accord des personnes qui ont des différends.

Constitution. — Loi qui établit le gouvernement d'un Etat.

Consistoire. — Assemblée de ministres protestants.

Contestation. — Différend entre des particuliers; dispute.

Contingent. — Part mise à la charge des communes.

Contributions. — Ce que chaque citoyen donne pour sa part des dépenses publiques.

Crédit. — Délai accordé pour payement d'une dette.

Croiseur. — Vaisseau qui surveille l'approche de l'ennemi à l'entrée des ports.

Cuirassé. — Vaisseau de guerre garni d'acier.

D

Débat public. — Discussion faite en public.

Délibération. — Examen et discussion d'une affaire.

Dernier ressort. — Juger sans appel, sans aucun recours.

Digue. — Chaussée de maçonnerie pour contenir la poussée des eaux.

Différend. — Contestation, désaccord.

Dissoudre la Chambre. — Renvoyer les Députés pour procéder à de nouvelles élections.

Domaines nationaux. — Biens qui appartiennent à la nation.

Douanes. — Administration chargée de percevoir les droits imposés sur les marchandises qui entrent ou sortent de France.

Droit de grâce. — Pardon, remise d'une peine qu'a droit d'accorder le Président de la République.

E

EMETTRE DES VOEUX. — Faire des propositions.
EMPRUNT. — Demande d'argent pour faire face à des dépenses.
EXTRAIT. — Abrégé d'un acte, d'un livre.

F

FISC. — Trésor de l'Etat.
FONCIÈRE. — Impôt payé sur les terres.
FORCÉS NATURELLES. — L'eau, le vent, le feu, l'électricité sont des forces naturelles.

G

GRAND-MAITRE. — Chef suprême.
GRATUIT. — Qui ne coûte rien.

I

IMPÔT. — Part que chaque citoyen paye pour subvenir aux dépenses publiques.
INTERMÉDIAIRE. — Correspondant.

L

LAIQUE. — Qui appartient à l'Etat et non à l'Eglise.
LITTORAL. — Etendue de pays le long des bords de la mer.

M

MAJORITÉ ABSOLUE.— Quand le candidat obtient la moitié $+$ 1 des suffrages exprimés.
MANDAT MUNICIPAL. — Droit d'agir que possèdent pendant quatre années le maire et les conseillers municipaux dans la commune.
MANUFAFTURE. — Etablissement industriel où beaucoup d'ouvriers sont occupés à travailler de leurs mains.

MONARCHIE. — Etat gouverné par un seul chef.

MONOPOLE. — Privilège que possède l'Etat de vendre seul certaines denrées.

O

OBLIGATOIRE. — Imposé par la loi.

P

PATENTE. — Contribution annuelle que paye tout commerçant.

PERSONNELLE-MOBILIÈRE. — Contribution que l'on paye à l'Etat pour sa personne et pour son logement.

PORTATIF. — Qui peut être porté.

PROMULGUER. — Faire paraître au *Journal officiel*.

PROPAGATION. — Action de répandre, de propager.

PRUD'HOMME. — Juge nommé pour prononcer des jugements dans les contestations qui s'élèvent entre les patrons et les ouvriers.

R

RECRUTEMENT DE L'ARMÉE. — La levée annuelle des jeunes soldats.

RÉMUNÉRATION. — Récompense.

RÉPARTIR. — Distribuer des parts.

RÉPUBLIQUE. — Etat dans lequel le peuple est souverain.

RESTREINT. — Réduit, limité.

RÉTRIBUER. — Payer le salaire de quelqu'un.

S

SENSUALITÉ. — Attachement au plaisir des sens.

SPIRITUEL. — Qui concerne l'Eglise, la conduite des âmes.

STRICTE ÉCONOMIE. — Economie sévèrement réglée.

SUFFRAGE UNIVERSEL. — Vote de tous les citoyens d'une circonscription électorale.

Suffrage restreint. — Vote limité à certaines catégories de citoyens.

Suppléer. — Remplacer.

Synode. — Assemblée des ecclésiastiques d'un diocèse; c'est aussi une assemblée de ministres protestants.

T

Torpilleur. — Bateau destiné à lancer des torpilles.

Tranquillité publique. — Paix publique.

Transaction. — Relations dans les affaires.

Travail antérieur. — Travail des années ou des siècles précédents.

Télégraphe. — Appareil avec lequel on transmet rapidement et à de grandes distances des nouvelles, des avis au moyen de signaux.

Téléphone. — Appareil pour communiquer, par la transmission des sons, à de grandes distances.

Temporel. — Qui concerne l'Etat, opposé à spirituel.

Traité de commerce. — Convention écrite entre deux états pour faciliter les échanges.

U

Université. — Le corps enseignant tout entier.

BAR-SUR-SEINE. — IMP. Vᵉ C. SAILLARD.

www.ingramcontent.com/pod-product-compliance
Lightning Source LLC
LaVergne TN
LVHW010411060726
842526LV00005B/1618